तुम बिन

शेख निदा "सूफ़िसनम"

ISBN 978-93-5610-056-5

Published in India 2022 by Pencil

A brand of
One Point Six Technologies Pvt. Ltd.
123, Building J2, Shram Seva Premises,
Wadala Truck Terminal, Wadala (E)
Mumbai 400037, Maharashtra, INDIA
E connect@thepencilapp.com
W www.thepencilapp.com

Author biography

Sufisanam is a good writer from Mumbai, Maharashtra, India. Her real name is Shaikh Nida. She is 18 years old. She has completed HSC and currently doing B.Com. in banking and insurance.

She loves to express her feelings in the form of words. She is writing poems from more than 5 years as her passion. She has been a co-author of more than 22 books and she has also compiled.

CONTENTS

Acknowledgements

I thank all of them who supported me and encouraged me to write this book, especially my Parents, who always supported me to fly high. Thank you so much each and everyone who was always by my side in my ups and downs.

वह ख़ुदा

तेरी मुठ्ठी में है दुनिया, तेरी हर ज़र्रे पे नज़र है
कुछ छुपता नहीं तुझसे, तुझे पल पल की ख़बर है

तेरे जलवों को ठुकराना किसी के बस में है कहाँ
जो मुर्दों को कर दे ज़िंदा, तेरे हाथों में वह हुनर है
कुछ छुपता नहीं तुझसे, तुझे पल पल की ख़बर है

न भूक लगती है तुझे, न लगती तुझे प्यास है
न सँवरने की है ज़रूरत, न सजने की आस है
न ऊँघ लेता है तू, न नींद आती है तुझे
तू दो जहाँ का मालिक है, तेरा हर ज़र्रा दास है
तेरी उंगली पे है शम्स, तेरी पल्कों पे क़मर है
कुछ छुपता नहीं तुझसे, तुझे पल पल की ख़बर है

तू मोहताज नहीं जिस्मों का, तेरा साया भी नहीं है
तुझे खोना भी गवारा नहीं, तुझे पाया भी नहीं है
तू 'कुन' कह दे तो हर शै होजाती है, ऐ रब
तेरे दर पे दिल से माँगा कुछ ज़ाया भी नहीं है
तेरे हुक्म से चलती है हवा, तेरे क़ाबू में बेहर है
कुछ छुपता नहीं तुझसे, तुझे पल पल की ख़बर है
कुछ छुपता नहीं तुझसे, तुझे पल पल की ख़बर है

जज़्बात

तेरी तस्वीर को सीने से लगा कर हम आँसू बहाते हैं
हम तो वह भी नहीं जो तेरे दोस्त कहलाते हैं

कभी मुलाक़ात होगी तो सुनाएँगे तुझे भी जज़्बात अपने
फ़िल्हाल तो ख़ुद को ही ख़ुद का हाल सुनाते हैं

राज़ हमारे भी हैं इस ज़माने से कुछ, सब जैसे
कुछ वह भी हैं जो हम ख़ुद से भी छुपाते हैं

इस ज़माने की भीड़ में खो जाना हमारी ख़्वाहिश नहीं
फिर भी ख़ुद को लोगों से छुपना सिखाते हैं

लतीफ़ा नहीं यह ज़िन्दगी हमारी जान लो "सनम"
दर्द हमें भी होता है फिर भी मुस्कुराते हैं

मसला

न नज़र का मसला था न हया की बात थी

सब खेल था लफ़्ज़ों का, अंदाज़-ए-बयाँ की बात थी

मैं सोचती रही, कब, क्यों, किस तरह

दिल गया था जिधर वह कहाँ की बात थी

उल्झन

न लगता है कहीं, इस दिल को हुआ क्या है
यह जो मर्ज लगा है हमको, उसकी दुआ क्या है

जबसे देखा है उसे, बेचैन से बैठे हैं हम
कोई पूछे तो ज़रा उससे कि उसने किया क्या है

मायूस सा बैठा है दिल कहीं रूठ के हमसे
काश वह आए और पूछे 'तेरी इल्तेजा क्या है'

यूँ तो कभी शरमा के नज़र झुकाई न थी हमने
पर उसे देख के समझे हैं कि हया क्या है

हम रोते हैं उसकी याद में हर रात, क़सम से
मोहब्बत कहते हैं किसे, ज़ालिम को पता क्या है

'ये आँखें सुर्ख़ हैं क्यों' लोग सवाल करते हैं
वो पूछते हैं हमसे कि मस'अला क्या है

इज़हार-ए-मोहब्बत तो कई बार की है हमने
वह ठुकराता ही है, ख़ुद को समझता क्या है

बात बस इतनी सी है कि इश्क़ हुआ है "सनम"
कोई बताए तो ज़रा, इस उल्झन की दुआ क्या है

यह इश्क़ है या नहीं...

ये साँसें थम सी जाती हैं तेरी बाहों में
ये आँखें हर वक़्त लगी रहती हैं तेरी राहों में
बताओ न यह इश्क़ है या नहीं...?

तुझे देखते ही ख़यालों में कहीं खो जाते हैं हम
तुझे सोच के उठते हैं, तेरे नाम से सो जाते हैं हम
बताओ न यह इश्क़ है या नहीं...?

तुझसे मिलते हैं तो बिछड़ने का दिल करता नहीं
बस तुझे देखता है यह, किसी और पे मरता नहीं
बताओ न यह इश्क़ है या नहीं...?

मोहब्बत

जो ख़्वाबों में देखा है, काश हक़ीक़त हो जाए

जो सब कुछ है मेरे लिए, उसे भी मेरी ज़रूरत हो जाए

ऐ ख़ुदा बस यही तो माँगा है मैंने तुझसे हर दुआ में

काश, मेरी मोहब्बत को भी मुझसे मोहब्बत हो जाए

सवाल-ए-इश्क़

हक़ीक़त में मिलो तो कुछ बात बने,
यूँ हर रोज़ ख़्वाबों में आते क्यों हो

जान ही ले लो, ख़ुशी से दे देंगे,
यूँ हमें देख के मुस्कुराते क्यों हो

आँखों में देखो तो इश्क़ नज़र भी आए,
यूँ शरमा के प्लकें झुकते क्यों हो

कभी तुम भी ज़ाहिर करो ना मोहब्बत अपनी,
हर दफ़ा हमसे दूर चले जाते क्यों हो

इक बार में ही कह दो अगर मोहब्बत नहीं तुम्हें,
यूँ किसी और से मिल के दिल जलाते क्यों हो

तन्हाई में ज़लील करो तो कोई गिला नहीं
यूँ महफ़िल में बैठ कर हमें सताते क्यों हो

यूँ तो छुप छुप के हमें देखा करते हो
हम जो देख लें ऐसे तो नज़रें चुराते क्यों हो

दिल

हज़ारों दिल मिले यहाँ पर तुझसा कोई दिल नहीं देखा

नज़रों से क़त्ल करता हो जो, कभी वह क़ातिल नहीं देखा

तेरी मोहब्बत में इस क़दर डूब गए हम

कि किसी और के इश्क़ का साहिल नहीं देखा

मवाज़ना तेरा मेरा

मेरी मंज़िल-ए-इश्क़ का सफ़र हो तुम मेरे लिए
आँखें हूँ मैं तो नज़र हो तुम मेरे लिए

तुम मुकम्मल किताब हो, मैं हिस्सा हूँ तुम्हारा
तुम कहानी कोई दिलचस्प, मैं क़िस्सा हूँ तुम्हारा

तुम जिस्म हो तो तुम्हारा साया हूँ मैं
तुम रूह हो तो तुम्हारी काया हूँ मैं

सवाल हूँ मैं तो मेरा जवाब हो तुम
अमल हूँ मैं तो मेरा सवाब हो तुम

तन्हा हूँ मैं, तुम महफ़िलों की शान हो
सिर्फ़ मेरा नहीं, तुम हर दिल का अरमान हो

मैं ख़ाली हूँ बिल्कुल, तेरी बातों से अंजान हूँ
भीगने से डरती हूँ ज़रा, बरसातों से अंजान हूँ

मैं लैला या हीर नहीं जो तेरे इश्क़ में मर जाऊँगी
पर हाँ, यह सच है तेरे लिए कुछ भी कर जाऊँगी

आज कुछ भी हो यह इज़हार करना है
मर के भी "सनम" तुमसे, सिर्फ़ तुमसे प्यार करना है

अच्छा नहीं लगता

हमारे हाथों से हाथ छूट जाना उनका, मुझे अच्छा नहीं लगता

पूरी दुनिया रूठ जाए तो कोई गिला नहीं, रूठ जाना उनका मुझे अच्छा नहीं लगता

किसी और के साथ देख कर उन्हें कुछ दर्द सा होता है

और कैसे कह दूँ कि मेरी बाहों में यूँ टूट जाना उनका मुझे अच्छा नहीं लगता

यूँ ही चले आओ ना

बहाना चाहिए क्यों तुम्हें मुलाक़ात का हमसे
हमें इंतज़ार है तुम्हारा, यूँ ही चले आओ ना

जानते सब हो फिर भी माँगते हो क्यों इजाज़त
छोड़ छाड़ के जहान सारा, यूँ ही चले आओ ना

दुन्यवी बातों के लिए बहुत वक़्त पड़ा है अभी
भूल जाओ ना गुस्सा हमारा, यूँ ही चले आओ ना

कुछ पलों की बात है बस, फिर लौट जाना वापस
क्या हो जाएगा ख़सारा, यूँ ही चले आओ ना

तुम बिन सब कुछ फीका सा लगता है मुझे
बन के मेरा सहारा, यूँ ही चले आओ ना

तुम मेरे थे और रहोगे सदा हर हाल में
कर के हर शै से किनारा, यूँ ही चले आओ ना

अँधेरों से ख़ौफ़ आता है मुझे भी
ले के तुम इक सितारा, यूँ ही चले आओ ना

इरादा

हम अश्क बन कर आपकी आँखों में नज़र आएँगे

ख़्वाबों में नहीं ख़यालों में मगर आएँगे

भूल जाइये हमें भूलने का इरादा अपना

हम लफ़्ज़ बन कर आपकी बातों में असर आएँगे

एहसास

वह जब याद आते हैं, हर शै थम सी जाती है
अश्कों से भरी यह आँखें कहानी अपनी सुनाती हैं

न जाने यह दिल में कैसा एहसास रहता है
वह दूर है मुझसे, फिर भी मेरे पास रहता है

वह मोहब्बत के आसमाँ में इक चाँद सा चमकता होगा
उसका दिया वह फूल, आज मेरी किताब में महकता होगा

न जाने यह दिल में कैसा एहसास रहता है
वह दूर है मुझसे, फिर भी मेरे पास रहता है

वह अब मेरा नहीं, यह जानती हूँ मैं
फिर भी उसे बस अपना मानती हूँ मैं

तुम बिन

न जाने यह दिल में कैसा एहसास रहता है
वह दूर है मुझसे, फिर भी मेरे पास रहता है

पहली मोहब्बत

पहली मोहब्बत का वो एहसास याद है मुझे
वह लम्हा जब थे वह मेरे पास, याद है मुझे

याद है मुझे जब हम साथ हुआ करते थे
ख़ुद के लिए नहीं, इक दूजे के लिए दुआ करते थे
जब सिर्फ़ हम थे उसके ख़ास, याद है मुझे
पहली मोहब्बत का वो एहसास याद है मुझे

दिल भर गया उनका तो छोड़ गए वह
ख़ुदग़र्ज़ बन गए और हमें तोड़ गए वो
वक़्त-ए-अलविदा के वह अल्फ़ाज़ याद है मुझे
पहली मोहब्बत का वो एहसास याद है मुझे

उनकी मौजूदगी ज़िन्दगी में इनायत सी लगी थी
और हवस वह उनकी हमें मोहब्बत सी लगी थी
उनकी आँखों में जिस्म की वह प्यास, याद है मुझे
पहली मोहब्बत का वो एहसास याद है मुझे

बेवफ़ा इश्क़

हम यूँ तन्हा न होते इस भरी महफ़िल में
अगर तुमने साथ हमारा छोड़ा न होता

मंज़िल मिल ही जाती हमें मोहब्बत की
अगर तुमने रास्ते से मुँह मोड़ा न होता

तुम्हारे बग़ैर भी ज़िन्दगी काट लेते हम
अगर तुमने धड़कन में रह के दिल तोड़ा न होता

अगर तुमने लिखी होती मोहब्बत मेरी ज़िंदगी में
तो मेरे इश्क़ का पन्ना यूँ कोरा न होता

मोहब्बत की डोर से बँधे होते हम दोनों "सनम"
अगर तुमने नफ़रत से रिश्ता जोड़ा न होता

तबाही

प्यार की राह में इक तन्हाई सी मिली है
इश्क़ कर के बेतहाशा, रुस्वाई सी मिली है
और क्या कहूँ, क्या पाया है मोहब्बत कर के
बस इतनी सी बात है, इक तबाही सी मिली है

दूरी

मोहब्बत हो के भी इक दूरी सी रही
दास्ताँ वह हमारी अधूरी सी रही
हम तड़पते रहे उनसे मिलने के वास्ते
उन्हें हमारे साथ रहने की मजबूरी सी रही
मोहब्बत हो के भी इक दूरी सी रही

उन्हें याद कर के ख़ुद को रुलाया भी हमने
रूठे भी ख़ुद, ख़ुद को मनाया भी हमने
प्यार था, नहीं था, वह रब जानता है
अपनी तरफ़ से कोशिश, पूरी सी रही
मोहब्बत हो के भी इक दूरी सी रही

रिश्ता तो टूटा, पर इक आस अब भी है
वह दूर हो के हमारे पास अब भी है
ख़्वाबों में वह थे, नहीं थे, वह रब जानता है

तुम बिन

ख़यालों में मौजूदगी ज़रूरी सी रही
मोहब्बत हो के भी इक दूरी सी रही

उनकी ख़ुशबू में महकते रहे हम बेवजह
उनकी ख़ुशियों में चहकते रहे हम बेवजह
दिल में वह थे, नहीं थे, वह रब जानता है
उन बिन धड़कन में भी कमज़ोरी सी रही
मोहब्बत हो के भी इक दूरी सी रही
दास्ताँ वह हमारी अधूरी सी रही

इक कमी

तुझसे मिले जो हम तो देखते ही रहे बस तुझे
कुछ कहा नहीं, कुछ सुना नहीं

तेरी आँखों की कश्मकश में खो कर
कुछ दिखा नहीं, कुछ किया नहीं

बातों ने तेरी उलझनों में डाल रखा था
कुछ लिखा नहीं, कुछ पढ़ा नहीं

तुझे सुलझाने में हम लगे रहे इस तरह
कुछ लिया नहीं, कुछ दिया नहीं

न आँखें तेरी न अल्फ़ाज़ तेरे समझे हम
कुछ अयाँ नहीं, कुछ बयाँ नहीं

हम किसी और के भी जो हुए तो दिल तेरा
कुछ जला नहीं, कुछ बुझा नहीं

तेरी माफ़ी से भी यह टूटा सा इक दिल
कुछ जुडा नहीं, कुछ बना नहीं

तेरे जाने की इक कमी कुछ यूँ रही "सनम"
कुछ गया नहीं, कुछ रहा नहीं

लिखते हैं तेरे लिए

तुझे याद न किया हो, ऐसी कोई रात नहीं
तुझसे रूह जुड़ी थी, जिस्मों की बात नहीं
यूँ तो तुझसे मिले हैं हम कई दफ़ा, लेकिन
सच में तुझसे मिले, ऐसी कोई मुलाक़ात नहीं
तुझे याद न किया हो, ऐसी कोई रात नहीं

तूने इश्क़ में अपने तड़पाया बहुत है
मोहब्बत के नाम पर सताया बहुत है
कभी न हाथ छोड़ने का वादा था तेरा
यह हाथ अब तन्हा है, इसमें तेरा हाथ नहीं
तुझे याद न किया हो, ऐसी कोई रात नहीं

तू टूट के हमारी बातों में बिखर जाता है
अशआर बन के, नज़्मों में निखर जाता है
कैसे कहें, हम तो लिखते हैं बस तेरे लिए

चाहे तुझे प्यार नहीं, चाहे तेरा साथ नहीं
तुझे याद न किया हो, ऐसी कोई रात नहीं
तुझसे रूह जुड़ी थी, जिस्मों की बात नहीं

फ़ुरसत

तुमसे मिलने की अब मुझे हसरत भी नहीं है
मोहब्बत तो क्या जनाब, नफ़रत भी नही है
एक वक़्त था जब मेरा वक़्त भी तुम्हारा था
अब मसरूफ़ हूँ ज़िंदगी में अपनी, फ़ुरसत ही नहीं है

जी चाहता है

बहुत हुआ यूँ आना फिर चले जाना
अब तेरे दिल से निकल आने को जी चाहता है

बेहद रोए हैं मोहब्बत में तेरी हम
अब ज़रा सा मुस्कुराने को जी चाहता है

शिद्दत-ए-इश्क़ तो हमसे बयाँ हो न सका
अब दिल में नफ़रत जगाने को जी चाहता है

हमारी क़ुर्बत तो रास आई न तुझे
अब तुझसे दूर हो जाने को जी चाहता है

तेरे इस सुलूक की हमें तवक़्क़ो न थी
अब तुझसे भी यूँही पेश आने को जी चाहता है

ताअज्जुब है हमें, कभी उश्शाक़ थे हम दोनों
अब तुझसे नज़रें चुराने को जी चाहता है

उल्फ़त थी तुझसे तो बिछड़ना गवारा न था "सनम"
अब तेरी तरह किसी का हो जाने को जी चाहता है

बद दुआ

तू तड़पता रहे, तुझे सुकूँ कहीं मिला न करे
तुझे मोहब्बत मिल जाये तेरी, तौबा, ख़ुदा न करे
तू रोता रहे, तेरा हमदर्द न हो कोई
तुझे सहारा दे कोई, तौबा, ख़ुदा न करे

तेरी आँखों से बहे ख़ून, तेरे होंटों पे हँसी न हो
तू ज़िंदा तो रहे, पर तुझ में ज़िन्दगी न हो
तू मौत माँगे रब से, रो रो के, गिड़गिड़ा के
वह मौत दे दे तुझ को, तौबा, ख़ुदा न करे

तू बिलकता रहे, तेरे ज़ख़्मों को मरहम न मिलें
तू तड़पे हमारे वास्ते, पर तुझे हम न मिलें

तू जागता रहे रात भर, दिन भर रहे तू बेचैन

तुझे चैन नसीब हो इक पल, तौबा, ख़ुदा न करे

मत होने दो

इस दिल को किसी की आदत मत होने दो

ख़ुद से ज़्यादा किसी की चाहत मत होने दो

किसी से मिलने में कोई हर्ज नहीं ऐ दिल

तुम मौत चुन लो पर मोहब्बत मत होने दो

यक़ीन

मोहब्बतें फ़र्ज़ी हैं यहाँ, इन पर यक़ीन न कर जाना तुम

अगर महसूस हो के इश्क़ है तुम्हें किसीसे, तो भी मर जाना तुम

सज़ा

इश्क़ करने वालों को बद दुआ मिलती है

दिल लगाने की यहाँ भी यही सज़ा मिलती है

www.ingramcontent.com/pod-product-compliance
Lightning Source LLC
LaVergne TN
LVHW050427160726
843469LV00041B/1261

9789356100565